Allitera Verlag

Steffi Geihs, 1980 in Garmisch-Partenkirchen geboren, studierte Soziale Arbeit. Seit 2004 ist sie in einer Heilpädagogischen Tagesstätte in München beschäftigt. Daneben arbeitet sie als freie Journalistin mit den Spezialgebieten »Soziales« und »Pädagogik«. Von Steffi Geihs sind im Allitera Verlag bereits die Bände »Tina ist verliebt« (2012), »Tina hat einen Freund« (2013), »Tina hat Liebeskummer« (2014) und »Tina in Gefahr« (2015) erschienen.

Steffi Geihs

Tina gehört dazu

Eine Erzählung über Behinderung und Inklusion in einfacher Sprache

Mit Illustrationen von Friedrich Wall

Allitera Verlag

Weitere Informationen über den Verlag und
sein Programm unter:
www.allitera.de

Das Buch entstand mit freundlicher Unterstützung der

Aktion Sonnenschein, München
www.aktionsonnenschein.com

Hinweis für Pädagoginnen und Pädagogen
Zu diesem Buch existiert Unterrichtsmaterial, das auf der
Website des Verlags kostenlos zur Verfügung gestellt wird:
http://bit.ly/2d3oZmM

November 2016
Allitera Verlag
Ein Verlag der Buch&media GmbH, München

Redaktion: Heidi Keller, München
Umschlaggestaltung: Friedrich Wall, Freienbrink
Printed in Germany · ISBN 978-3-86906-949-4

Inhalt

Das ist Tina

Tina ist eine fröhliche junge Frau. Sie lacht oft. Sie lacht, wenn sie ihre Freundin Klara trifft. Sie lacht, wenn sie ihr Lieblings-Lied im Radio hört. Sie lacht, wenn ihre Schwester Lena singt. Und sie lacht, wenn sie am Herd steht und Nudeln kocht. Tina ist glücklich. Sie mag ihr Leben.

Wenn Tina morgens aufsteht, macht sie Müsli und kocht Tee. Nach dem Frühstück fährt sie zur Schule. Früher wurde sie vom Schulbus abgeholt. Aber Tina hat gelernt, mit dem öffentlichen Bus zur Schule zu fahren. Am Anfang war das schwierig. Tina musste viel lernen. Doch nun kann Tina selbständig Bus fahren.

In der Schule übt Tina lesen, schreiben und rechnen. Und sie lernt Dinge, damit sie selbständig leben kann. Zum Beispiel einkaufen im Supermarkt. Oder kochen. Tina mag die Schule. Sie lernt gern Neues. Sie möchte immer selbständiger werden.

Die Pausen verbringt Tina mit ihrer Freundin Klara. Sie haben sich viel zu erzählen. Manchmal spricht Tina auch mit

Paul. Die beiden waren einmal verliebt. Aber das ist schon lang her. Jetzt sind sie nur noch normale Freunde – ohne Küssen und Liebe.

Mittags geht Tina in die Tagesstätte. Hier hat sie viele Freunde und die Erzieherin Inga. Inga kann sie von ihren Sorgen erzählen. Aber Tina hat gerade keine Sorgen. Tina geht es gut.

Um fünf Uhr ist die Tagesstätte aus. Dann fährt Tina mit dem Bus nach Hause. Dort ist sie allein mit ihrer Schwester Lena, weil Mama und Papa noch arbeiten. Aber das macht nichts, denn Tina kann sich allein beschäftigen. Sie hat viele Hobbys: Sie telefoniert mit ihren Freunden, sie bastelt oder hört Musik. Aber am liebsten malt sie.

Wenn Mama und Papa nach Hause kommen, gibt es Essen. Tina kocht oft mit und zeigt, was sie in der Schule gelernt hat. Nudeln mit Tomaten-Soße kocht Tina ohne Hilfe. Sie kann auch Pfannkuchen und Rühr-Eier. Darauf ist sie stolz.

Tina ist 18 Jahre alt, sie ist also erwachsen. Ganz selbständig ist sie aber noch nicht. Wegen ihrer geistigen Behinderung braucht sie in manchen Dingen Unterstützung. Beim Rechnen zum Beispiel. Oder beim Bezahlen im Supermarkt. Und beim Lesen einer Uhr. Manchmal wünscht sich Tina, so zu sein wie die meisten Menschen. Sie findet es ungerecht, dass sie keinen Führerschein machen kann. Sie würde gern die Dinge erleben, die ihre Schwester Lena macht: Autofahren, studieren, allein ins

Schwimmbad gehen. Aber das geht leider nicht. Trotzdem mag Tina ihr Leben. Sie ist glücklich.

Tina und der Schmetterling

Jeden Morgen fährt Tina mit dem öffentlichen Bus zur Schule. Das hat sie vor kurzem gelernt. Anfangs war es schwierig, aber jetzt fährt Tina ohne Probleme.

An der Haltestelle, an der Tina auf ihren Bus wartet, stehen jeden Morgen drei Jungen. Sie fahren auch zur Schule, aber zu einer anderen. Tina weiß das, weil sie die Jungen beobachtet. Einen von ihnen findet sie nämlich süß. Er hat dunkle Augen und wild zerzauste Strubbel-Haare. Außerdem lacht er viel. Tina mag den Jungen. Sie kennt nicht einmal seinen Namen, aber sie muss oft an ihn denken. Jeden Morgen freut sie sich, wenn sie ihn sieht. Sie stellt sich in seine Nähe, während sie auf den Bus wartet. So hört sie, was die drei reden. Über Fußball, Kinofilme und die Schule. Manchmal spricht der Junge auch über Kunst. Er malt gern. Als Tina das gehört hat, ist ihr Herz vor Freude gehüpft. Tina malt doch auch so gern! Die beiden haben eine Gemeinsamkeit.

Wenn Tina den Jungen sieht, wird sie nervös. In ihrem Bauch kribbelt es. Das fühlt sich an, als würden Schmetterlinge umherflattern. Tina kennt dieses Gefühl. Das hatte sie schon einmal, als sie in Paul verliebt war. Damals wusste sie nicht, was das Kribbeln bedeutet. Jetzt aber weiß sie Bescheid: Tina ist verliebt.

Bei Paul war Tina mutig und hat ihn angesprochen. Paul kannte sie aber schon vorher, er ist in ihrer Klasse. Den fremden Jungen kennt sie nicht. Tina traut sich nicht, ihn anzusprechen. Sie ist aber sehr verliebt. Gern hätte sie den Jungen zum Freund.

Tina überlegt, was sie tun kann. Da hat sie eine Idee: Ich schreibe einen Liebes-Brief!, denkt sie begeistert. Das hat sie einmal im Kino gesehen. Im Film sind der Mann und die Frau ein Liebes-Paar geworden und haben sogar geheiratet. Tina ist begeistert. Vielleicht heiratet Tina bald den hübschen Jungen? Das wäre schön!

Zu Hause holt Tina rosa Brief-Papier. Sie denkt lange nach. *„Lieber hübscher Junge“,* schreibt sie. *„Ich bin Tina. Ich bin 18 Jahre alt. Ich bin verliebt in Dich. Du bist hübsch. Du lachst viel. Ich mag Dich. Willst Du mich heiraten?“* Tina überlegt. Heiraten? Vielleicht ist das zu viel für den ersten Brief. Tina streicht den Satz und schreibt stattdessen: *„Willst Du mein Freund sein?“* Ja, schon besser. Doch Tina denkt noch einmal nach. Ist das immer noch zu viel? Die beiden kennen sich noch nicht. Deshalb streicht Tina auch diesen Satz. *„Willst Du mich kennenlernen?“*, schreibt sie stattdessen. Ja, jetzt ist es gut.

Tina betrachtet ihren Brief. Die Buchstaben sind krumm und schief, aber Tina ist trotzdem zufrieden. Sie hat sich Mühe gegeben, schön zu schreiben. Das ist für Tina schwierig. Schöner kann sie nicht schreiben. Doch es geht noch besser! Tina holt ihre Glitzer-Stifte. Sie malt Herzen und zwei Menschen, die sich umarmen. Das sollen Tina und der Junge sein. Hoffentlich erkennt er es!

Zum Schluss sprüht Tina den Brief mit Mamas Parfüm ein. Das hat sie auch im Film gesehen. Jetzt ist Tinas Liebes-Brief perfekt. Nun muss es doch klappen! Tina überlegt, wie der Junge reagieren wird. Der freut sich bestimmt, denkt Tina. Ob er mich gleich küsst?

Gemein!

Am nächsten Morgen kann es Tina kaum erwarten, dem Jungen den Liebes-Brief zu geben. Als sie zur Bushaltestelle geht, ist sie aufgeregt. Man braucht Mut, um jemandem einen Liebes-Brief zu geben. Aber Tina ist mutig. Sie geht direkt auf den Jungen und seine Freunde zu. „Da, für dich", sagt sie und gibt dem Jungen den Brief.

Tinas Kopf ist rot geworden. Sie ist aufgeregt. Deswegen geht sie schnell weg. Aber nur ein paar Schritte, denn sie will in der Nähe bleiben. Bestimmt umarmt der Junge sie gleich. Vielleicht küsst er sie sogar! Oder fällt er auf die Knie und macht einen Heirats-Antrag?

Tina wartet, was passiert. In ihrem Bauch flattern die Schmetterlinge wild durcheinander. Sie lauscht gespannt, was die Jungen sagen.

„Was will denn die komische Tussi von dir?", fragt einer der Jungen.

„Keine Ahnung, ich kenn die nicht", sagt der Junge und schaut verwundert auf den Brief.

Er öffnet den Umschlag.

„Ey, das ist ja ein Liebes-Brief!“, grölt sein Freund.

Die drei Jungen brechen in Gelächter aus.

„Mit Herzen und Glitzer und alles in Rosarot – wie bescheuert ist das denn!“, lacht einer.

„Ih, und wie der stinkt! Was hat die denn mit dem Brief gemacht? Bäh, voll eklig“, ruft der andere.

„Schaut, wie die schreibt. Wie ein Kindergarten-Kind!“

„Der Text ist auch nicht besser!“

Lachend liest der Junge den Brief vor. Mit einer piepsigen Stimme äfft er Tina nach. „Du bist hübsch. Du lachst viel. Ich mag Dich. Willst Du mich kennenlernen?“ Dann hält er seinen Freunden den Brief hin und sagt: „Schaut euch die Krakel-Schrift an! Die ist zu blöd zum Schreiben!“

Die drei lachen. Einer der Freunde spitzt seine Lippen zum Kuss-Mund und kommt dem Jungen immer näher. „Knutschi-Knutschi“, ruft er.

„Bäh, hör auf“, sagt der Junge und schubst seinen Freund weg. „Mit so einer Behindi möchte ich nichts zu tun haben.“

Er zerreißt den Brief und lässt die Schnipsel auf den Boden fallen. In dem Moment kommt der Bus. Die drei Jungen steigen lachend ein.

Tina ist an der Bushaltestelle sitzen geblieben. Sie hat das Gespräch gehört. Tina ist traurig. Sie hat sich mit dem Brief so viel Mühe gegeben! Doch alles umsonst. Aus der Liebe

H
23
178

wird nichts. Tina und der Junge werden kein Paar. Sie werden nicht heiraten. Der Junge findet Tina nicht einmal nett. Tina schluchzt. Aber das Schlimmste ist, dass die drei gemein waren. Warum haben sie Tina abgelehnt? Sie kennen sie doch gar nicht!

Tina überlegt: Was hat der Junge gesagt? Mit so einer Behindi möchte ich nichts zu tun haben. Was meint er damit? Behindi? Was soll das sein?

Plötzlich reißt Tina die Augen auf. Jetzt weiß sie, was der Junge gemeint hat: Er wollte nichts mit Tina zu tun haben, weil Tina eine geistige Behinderung hat.

Als Tina das versteht, bricht sie in Tränen aus. Das ist gemein! Tina kann doch nichts dafür, dass sie behindert ist. Tina würde gern besser lesen und schreiben können. Sie hasst es, wenn sie Hilfe braucht und wenn sie zu spät kommt, weil sie die Uhr falsch gelesen hat. Das Leben ist manchmal ganz schön anstrengend, wenn man eine geistige Behinderung hat. Und dann machen sich die Jungen auch noch über Tina lustig. Das ist gemein!

Tina ist verzweifelt. Sie will nicht mehr behindert sein. Sie ist wütend auf sich und ihr Leben.

Tina ist nicht allein

Tina bleibt an der Bushaltestelle sitzen. Sie ist traurig und wütend, weil der Junge sie nicht kennenlernen wollte. Und das nur, weil Tina eine geistige Behinderung hat. Das ist gemein!

Viel zu spät kommt Tina in die Schule.

„Warum kommst du erst jetzt?“, fragt ihre Lehrerin Frau Müller.

Eigentlich will Tina nichts erzählen. Aber sie ist so wütend, dass es aus ihr herausplatzt: „Die waren gemein! Mein Liebes-Brief liegt in Fetzen. Ich hasse meine Behinderung. Und ich hasse den Jungen!“

„Halt, halt“, sagt Frau Müller. „Ich verstehe nichts. Erzähl bitte alles der Reihe nach. Von wem sprichst du? Wer war gemein? Und warum?“

So erzählt Tina alles. Sie erzählt, dass sie sich in den Jungen von der Bushaltestelle verliebt hat. Sie erzählt, dass sie ihm einen Liebes-Brief geschrieben hat. Sie erzählt, dass die drei Jungen über den Brief gelacht haben. Sie haben

sich über Tina lustig gemacht, weil sie eine Behinderung hat. Zum Schluss erzählt Tina, dass sie die Jungen gemein findet.

„Oje“, sagt Frau Müller. „Die Jungen haben sich wirklich blöd benommen. So etwas tut man nicht!“

„Aber das machen viele Menschen“, sagt Paul.

„Wie meinst du das?“, fragt Frau Müller.

„Viele Menschen verhalten sich blöd gegenüber Menschen mit Behinderung. Mir ist so was auch mal passiert. Mir sind Kinder hinterhergelaufen und haben blöde Sprüche gerufen“, antwortet Paul.

„Ich kenne das auch“, sagt Ralf. „Im Bus schauen mich die Leute oft komisch an. Manchmal setzt sich jemand auf einen anderen Platz, wenn ich mich zu ihm gesetzt habe.“

„Ja“, sagt Mark. „Mir ist das auch schon passiert. Das ist blöd.“

„Das stimmt. Die Behinderung ist echt blöd. Ich will nicht mehr behindert sein!“, ruft Tina wütend.

Frau Müller überlegt. Dann sagt sie: „Ist es wirklich die Behinderung, die so blöd ist? Oder sind es die anderen Leute, die sich falsch verhalten? Es ist doch blöd, sich wegzusetzen oder komische Blicke zu werfen. Es ist auch blöd, sich über jemanden lustig zu machen.“

Tina und ihre Freunde überlegen. Eine geistige Behinderung kann ganz schön anstrengend sein und manchmal ist es frustrierend, wenn man schnell an seine Grenzen stößt.

Aber eigentlich ist das Leben schön. Nur die Reaktionen von manchen Menschen sind nicht schön. Hm, ein schwieriges Thema.

„Ich glaube, wir sollten dringend über das Thema Behinderung sprechen“, sagt Frau Müller. „Habt ihr Lust?“

Jeder Mensch ist wertvoll

„Was wisst ihr über Behinderung?“, fragt die Lehrerin Frau Müller.

Tina und ihre Freunde überlegen. Alle wissen etwas über Behinderung, denn alle haben eine geistige Behinderung. Aber es ist schwierig, das Wissen in Worte zu fassen.

„Dann fangen wir ganz vorne an“, sagt Frau Müller. Sie erklärt, was eine Behinderung ist. Aber auch das ist schwierig, denn den Begriff Behinderung haben schon viele Menschen erklärt. Und immer hört es sich anders an.

Frau Müller erklärt es einfach: „Wenn ein Mensch behindert ist, machen ihm manche Dinge Schwierigkeiten. Eine Behinderung erschwert den Alltag und die Teilnahme am Leben in der Gesellschaft. Das heißt, man kann mit einer Behinderung nicht überall dabei sein.“

Frau Müller erklärt weiter: „Es gibt verschiedene Arten von Behinderung. Eine große Gruppe sind die Körper-Behinderungen.“

Das kennt Tina. „Das ist, wenn jemand im Rollstuhl sitzt“, sagt sie.

„Das ist nur eine Art davon“, sagt Frau Müller. „Eine Körper-Behinderung ist eine Schädigung des Körpers. Es gibt verschiedene Arten. Zum Beispiel kann man seine Beine nicht mehr bewegen und sitzt im Rollstuhl. Oder man hat Missbildungen. Das heißt, der Körper ist an manchen Stellen verformt und sieht anders aus als gewöhnlich. Es können auch Körperteile fehlen. Zum Beispiel Arme, Beine oder Finger. Oder man ist kleinwüchsig. Oder man hat eine Sinnes-Behinderung. Weiß jemand, was das ist?“

Das weiß Ralf: „Wenn man nicht sehen oder nicht hören kann.“

„Genau“, sagt Frau Müller. „Wenn man blind ist oder taub, auch das ist eine Behinderung.“

Frau Müller erklärt weiter. „Neben den körperlichen Behinderungen gibt es noch eine große Gruppe: geistige Behinderungen. Auch hier gibt es verschiedene Arten. Manche geistige Behinderungen sind genetisch bedingt. Das heißt, die Behinderung liegt in den Genen. Die Gene sind in unseren Körpern. Sie sind winzig klein und bestimmen, wie wir aussehen und welche Talente wir haben. Aber nicht alle geistigen Behinderungen entstehen durch Gene, manche kommen durch einen Unfall oder eine schwere Erkrankung.“

Anna will etwas wissen: „Wir haben alle eine geistige Behinderung“, sagt sie. „Aber was heißt das für uns?“

Frau Müller erklärt: „Die geistige Behinderung ist schuld, dass ihr euch bei bestimmten Dingen schwer tut. Manche von euch können nicht so gut lesen und schreiben, andere haben Probleme mit dem Rechnen. Manche können sich nicht lange konzentrieren, andere vergessen Dinge schnell wieder. Es kann schwierig sein, ein Gespräch zu führen oder zu merken, wie sich ein anderer Mensch fühlt. Viele haben Schwierigkeiten mit der Motorik. Das heißt, schneiden, basteln und sportliche Aufgaben fallen schwer. Die einzelnen Behinderungs-Arten sind unterschiedlich. Genauso unterschiedlich sind die Dinge, die ihr gut könnt, und die Dinge, bei denen ihr mehr üben müsst als manch anderer."

Frau Müller schaut ihre Schüler an. „Kennt jeder seine Behinderung?", fragt sie. „Es ist nämlich gut, wenn man viel über das eigene Leben weiß."

Tina und ihre Freunde überlegen. Nicht alle wissen es, aber einige melden sich.

„Ich habe Down-Syndrom", sagt Ralf. Stolz fügt er hinzu: „Das hat noch einen Namen, einen schwierigen und den kann ich mir auch merken: Trisomie 21. Ich weiß viel darüber. Das liegt nämlich in mir drin, in meinen Genen. Das habe ich, seit ich auf der Welt bin. Aber das hab nicht nur ich, das haben viele andere Menschen auch."

„Toll, was du alles weißt!", lobt Frau Müller.

„Ich weiß auch Bescheid", sagt Anna. „Früher hatte ich keine Behinderung. Aber als kleines Kind hatte ich einen

Fahrrad-Unfall. Ein Auto hat mich nicht gesehen und hat mich mit voller Wucht umgeworfen. Ich war in der Klinik. Ich hatte Verletzungen am Kopf, die waren ganz schlimm. Jetzt hab ich eine Behinderung."

„Oh", sagt Frau Müller. „Das ist eine traurige Geschichte."

„Meine Geschichte ist auch traurig", sagt Klara. „Meine Mama erzählt immer, es gab bei meiner Geburt Probleme. Ich hab keine Luft bekommen. Das hat meinem Gehirn wehgetan. Darum habe ich eine Behinderung."

„Ich war schon als Baby im Bauch von meiner Mama behindert", erzählt Mark. „Ich hab nämlich auch so was mit den Genen. Meine Behinderung hat einen schwierigen Namen, den kann ich mir nicht merken. Irgendwas mit X."

„Fragiles X-Syndrom?", fragt Frau Müller.

„Genau das!", strahlt Mark. „Das ist schuld, dass ich nicht lesen kann. Und dass ich so viel vergesse und mich schlecht konzentrieren kann – und dass ich nie Fußball-Profi bei Bayern München werde." Jetzt ist Mark wütend. „Das ärgert mich so!", ruft er. „Ich will auch alles können!"

„Aber Mark, nicht jeder Mensch kann alles", sagt Frau Müller. „Jeder Mensch hat Dinge, die er gut kann, und Dinge, die er nicht so gut kann – egal, ob mit oder ohne Behinderung. Kein Mensch kann alles. Jeder hat irgendwelche Schwächen und ganz viele Stärken. Aber das Wichtigste ist: Jeder Mensch ist wertvoll."

Frau Müller wird ernst. „Das müsst ihr euch merken", sagt

sie. „Das ist wichtig. Jeder Mensch ist wertvoll. Egal, ob jemand eine Behinderung hat oder nicht. Egal, ob jemand an Gott glaubt oder an Allah. Egal, ob jemand eine dunkle Hautfarbe hat oder eine helle. Egal, ob jemand viel Geld hat oder wenig. Jeder Mensch ist wertvoll. Jeder."

Tina ist wertvoll

Es ist Abend. Tina ist zu Hause. Sie liegt auf ihrem Bett und denkt darüber nach, was ihre Lehrerin gesagt hat. Jeder Mensch ist wertvoll. Das ist ein schöner Satz. Aber Frau Müller hat auch gesagt, dass jeder Mensch Stärken hat. Tina überlegt. „Was kann ich gut?", fragt sie sich. Lesen? Nein. Rechnen? Nein. Vielleicht ist Tina gut im Sport? Tina erinnert sich, wie sie einmal mit Papa im Fitness-Studio war. Auf dem Laufband hat sie kaum Luft bekommen. Uff, war das anstrengend! Nein, im Sport ist Tina nicht gut.

Vielleicht ist backen meine Stärke, denkt Tina. Das mache ich gern. Aber oje, Tina muss an das letzte Mal denken. Da hat sie gleich zwei Zutaten vergessen und der Kuchen wurde hart wie Stein. Tina lacht. Den wollten nicht mal die Enten am See essen! Backen ist also auch nicht meine Stärke, denkt sie. Aber was dann?

Tina überlegt weiter.

Vielleicht habe ich ein gutes Gleichgewicht, denkt sie. Das will ich ausprobieren!

Tina stellt sich in die Mitte ihres Zimmers und versucht, wie ein Flamingo auf einem Bein zu stehen. Das ist schwieriger, als Tina dachte. Oh, oh, oh. Tina rudert mit den Armen. Sie wackelt hin und her. „Hilfe!“, ruft sie noch. Dann kippt sie langsam um. Platsch, Tina liegt auf dem Boden. Sie muss lachen. „Gleichgewicht ist nicht meine Stärke“, sagt sie.

Jetzt will Tina etwas weniger Gefährliches ausprobieren: singen. Tina holt Luft und schmettert los. Aus voller Kehle singt sie ihr Lieblings-Lied. Da wird die Tür aufgerissen. Ihre Schwester Lena starrt sie an. „Was ist los?“, fragt sie.

„Ich singe“, antwortet Tina.

„Du singst?“, fragt Lena entgeistert.

„Findest du es nicht gut?“, will Tina wissen.

Lena schüttelt den Kopf. „Nein, das hört sich an wie ein herzkranker Frosch mit Schnupfen.“

Tina muss lachen. „So schlimm?“, fragt sie.

„Schlimmer“, lacht Lena. „Vielleicht sogar wie eine Katze, die in Eiswürfeln badet.“

„Oh“, sagt Tina, „singen ist wohl auch nicht meine Stärke.“

Lena verlässt das Zimmer wieder. Tina überlegt weiter.

Was kann ich gut?, denkt sie. Irgendwas muss ich doch gut können. Oder bin ich der einzige Mensch, der nichts kann?

Tina lässt den Kopf hängen. Aber dann erinnert sie sich an ihre Lehrerin. Die hat gesagt, dass jeder Mensch Stärken hat. „Also muss ich auch was können!“, sagt Tina selbstbewusst. „Nur was?“

Tina fällt nichts ein. Deswegen möchte sie Mama, Papa und ihre Schwester Lena fragen. Als alle beim Abend-Essen sitzen, sagt sie: „Wir haben in der Schule über Behinderung gesprochen. Frau Müller hat erklärt, dass jeder Mensch wertvoll ist. Jeder Mensch hat Stärken. Aber mir fällt nichts ein. Was kann ich gut?"

Mama ist überrascht. „Dir fällt nichts ein? Wirklich nicht? Mensch, Tina, du kannst viele Dinge gut! Lachen zum Beispiel. Du bist der fröhlichste Mensch, den ich kenne. Du machst anderen Menschen oft eine Freude und bringst sie zum Lachen. Das ist eine tolle Stärke und viel schöner, als wenn man gut rechnen kann."

Tina überlegt. Ja, Mama hat recht. Tina lacht viel und bringt anderen Menschen gute Laune.

Lena fällt auch etwas ein: „Du bist ehrgeizig. Du willst unbedingt selbständig werden. Das ist schwierig für dich, aber du gibst nicht auf. Du probierst es immer wieder. Du lässt dich von Rückschlägen nicht verunsichern. Du willst immer weiter lernen. Das ist super!"

Tina überlegt wieder. Ja, Lena hat recht. Tina ist wirklich ehrgeizig und will Neues lernen.

Papa fällt auch etwas ein. „Du bist mutig. Weißt du noch, als du in Paul verliebt warst? Da hast du dich getraut, Paul anzusprechen. Und jetzt hast du dem Jungen an der Bushaltestelle einen Liebes-Brief gegeben. Das war mutig."

Tina überlegt wieder. Ja, Papa hat recht. Tina ist wirklich mutig.

Papa weiß noch mehr. „Außerdem bist du selbstbewusst und kannst dich wehren. Weißt du noch, du bist doch im Bus von einem fremden Mann belästigt worden. Aber du hast es geschafft, dich zu wehren. Du hast ‚Stopp!' gesagt und dir Hilfe beim Bus-Fahrer geholt. Das war super."

Tina überlegt. Ja, Papa hat wieder recht. Tina kann sich gut wehren. Das hat sie von ihrer Erzieherin Inga gelernt. Anfangs war es schwierig, aber nun kann sich Tina verteidigen.

Tina ist begeistert: so viele Stärken! Sie hätte nicht gedacht, dass sie in so vielen Dingen gut ist. Doch dann fällt Tina auch noch etwas ein. „Ich kann gut malen", sagt sie. Mama, Papa und Lena geben ihr recht: „Ja, du kannst sehr gut malen!" Tinas Bilder sehen aus wie moderne Kunst. Tina ist immer stolz auf ihre Werke.

„Ja, Tina", sagt Mama. „Du kannst viele Dinge gut. Du bist ein einzigartiger Mensch. Und ich mag dich genau so, wie du bist."

Inklusion

Am nächsten Tag sitzt Tina wieder in der Schule.

„Heute sprechen wir über Inklusion“, sagt ihre Lehrerin Frau Müller. „Inklusion – kennt jemand dieses Wort?“

Alle schauen sich ratlos an. Doch dann leuchten Pauls Augen. „Ja, das kenne ich!“, ruft er begeistert.

„Kannst du uns erklären, was Inklusion ist?“, fragt Frau Müller.

Paul überlegt. Dann sagt er: „Das haben wir im Urlaub. Dann ist im Hotel alles dabei. Nicht nur das Schlafen. Man kann zum Büffet gehen und sich alles nehmen. Man muss nicht extra zahlen. Auch Eis und Cola und Kuchen. Alles ist da und man darf so viel essen wie man will. Das ist super.“

Frau Müller ist verwirrt. „Ich weiß nicht, was du meinst“, sagt sie. „Du verwechselst wohl etwas.“

Doch jetzt weiß auch Tina Bescheid.

„Doch, doch“, nickt sie. „Paul hat recht. Das haben wir auch im Urlaub. Das ist super. Alles Essen und Trinken

Café
Café
Jnklusion

gehört dazu. Da bekomme ich immer einen ganz dicken Bauch. Aber das ist so lecker!"

Frau Müller lächelt. „Jetzt weiß ich, was ihr meint", sagt sie. „Ihr sprecht von ‚alles inklusive'. Dieser Begriff hört sich ähnlich an. Und er bedeutet sogar etwas Ähnliches. Im Urlaub bedeutet ‚alles inklusive', dass man einmal zahlt und dann das Zimmer, Essen und Getränke dabei sind. Alles gehört dazu. Bei dem Wort Inklusion geht es aber nicht um Essen, sondern um Menschen."

Und dann erklärt es Frau Müller genauer: „Das Wort Inklusion heißt, dass alle Menschen dazugehören. Es ist normal, dass wir Menschen unterschiedlich sind. Deshalb kann jeder Mensch überall dabei sein. Alle Menschen gehen offen und nett miteinander um. Alle leben, wohnen, lernen und arbeiten miteinander – egal, ob jemand eine Behinderung hat oder nicht."

„Alle zusammen und niemand wird ausgegrenzt oder ausgelacht?", fragt Tina. Sie strahlt. „Das ist ja genauso toll wie ‚alles inklusive' im Urlaub!"

„Ja", sagt Frau Müller. „Inklusion ist etwas Tolles. Und das Beste: Inklusion ist ein Menschen-Recht. Das heißt, es steht jedem Menschen zu. Jeder hat das Recht, dazuzugehören."

„Dann will ich ab jetzt ‚alles inklusive' nicht nur im Urlaub", ruft Tina. „Ich will Inklusion in meinem ganzen Leben!"

Es muss noch viel passieren

Tina weiß nun, was Inklusion ist. Das heißt nämlich, dass alle Menschen dazugehören. Niemand wird ausgegrenzt, nur weil er eine Behinderung hat. Außerdem hat Tina gelernt, dass Inklusion ein Menschen-Recht ist. Es gilt für alle Menschen. Tina und ihre Freunde haben ein Recht auf Inklusion. Das hört sich toll an, aber ihre Lehrerin dämpft die Freude: „Inklusion ist noch nicht überall verwirklicht, gerade im Alltag nicht. Ihr erinnert euch: Drei Jungen waren wegen ihrer Behinderung gemein zu Tina. Und Ralf hat erlebt, dass sich Menschen im Bus wegsetzen. Überlegt mal: Wo habt ihr das Gefühl, dass ihr nicht dazugehört? Was stört euch noch?"

Tina muss nicht lange überlegen. Sie ärgert sich oft, dass Dinge zu schwierig erklärt werden. Deshalb sagt sie: „Ich kann nicht verstehen, was fremde Menschen mir erklären. Nachrichten im Fernsehen und Radio sind schwierig. In der Zeitung verstehe ich gar nichts. Die Texte sind zu lang und da kommen so viele schwierige Wörter vor. Auch wenn ich im Museum bin, verstehe ich nicht, was an den Kunstwerken steht. Ich finde Kunst spannend, aber der Text auf den Schildern neben den Bildern ist zu schwierig."

„Ja, Tina, du hast einen wichtigen Punkt gesagt", sagt Frau Müller. „Es gibt zwar einige Bücher und Zeitschriften in leichter Sprache, aber zu wenig. Viel mehr Dinge müssen einfach erklärt werden."

Frau Müller schaut in die Klasse. „Was fällt euch noch ein? Wo fühlt ihr euch ausgegrenzt?"

Klara meldet sich. „Wir haben zu wenig Auswahl bei der Arbeit. Ich hab schon mal ein Praktikum in einer Werkstätte gemacht. Das hat mir gefallen. Aber ich möchte selbst entscheiden können, wo ich arbeite und was."

Frau Müller nickt. „Und was stört euch noch?", fragt sie.

„Mich stört, dass ich nicht überall Fußball spielen darf", sagt Mark. „Ich war in einem Verein, aber der Trainer hat gesagt, ich darf nicht mehr mitmachen. Ich bin nicht gut genug. Ich störe die anderen. Dabei gebe ich mir doch Mühe!"

Mark ist traurig. Auch Paul wirkt traurig: „Ich bin 18 Jahre alt und mein großer Bruder ist von zu Hause ausgezogen", sagt er. „Ich will auch ausziehen. Aber Mama sagt, ich kann nicht alleine wohnen. Ich brauche Hilfe. Ich brauche ein Wohnheim. Aber kein Platz ist frei. Ich muss warten. Das ist blöd."

Jetzt ist Ralf an der Reihe.

„Ich wünsche mir auch etwas", sagt Ralf. Er macht eine

Pause, denn er will es spannend machen. Dann ruft er laut: „Ich will Superhelden-Kräfte!"

Tina muss kichern. Superhelden-Kräfte – das gibt es gar nicht! Doch Ralf ist noch nicht fertig. „Und dann", erklärt er geheimnisvoll, „dann will ich mit meinen Superhelden-Kräften König von Deutschland werden. Jawohl!"

Die ganze Klasse lacht. Ralf, der König von Deutschland – was für eine lustige Vorstellung!

„Aber Ralf", sagt Frau Müller. „Es gibt doch keinen König in Deutschland."

„Wie?" Ralf ist überrascht. „Kein König?"

„Nein, Ralf, in Deutschland gibt es keinen König. Weiß jemand, wer in Deutschland regiert?", fragt Frau Müller.

Anna meldet sich: „Die Politiker."

„Das ist nur halb richtig", sagt Frau Müller. „Eigentlich regieren wir alle, das ganze Volk. Wir dürfen die Politiker wählen. Das nennt man Demokratie."

Ralf ist enttäuscht. Kein König und keine Superhelden-Kräfte.

Auch Paul ist enttäuscht. „Ich darf nicht wählen", sagt er traurig.

„Was?" Tina ist entsetzt. „Alle Erwachsenen ab 18 Jahren dürfen wählen!"

Doch Paul schüttelt den Kopf und Frau Müller erklärt: „Nein, das ist leider nicht so. Manche Menschen mit einer geistigen Behinderung dürfen nicht wählen. Das entschei-

det ein Gericht. Aber natürlich sollten alle Menschen wählen dürfen. Das ist ein wichtiger Punkt, der noch verwirklicht werden muss.“ Frau Müller macht eine Pause. Dann sagt sie: „Inklusion ist toll. Aber es muss noch viel passieren.“

Tina kämpft

Tina weiß nun, was Inklusion ist. Das heißt nämlich, dass alle Menschen dazugehören. Niemand wird ausgegrenzt, weil er anders ist. Außerdem hat Tina gelernt, dass Inklusion ein Menschen-Recht ist. Tina ist begeistert. Aber sie ist auch traurig, dass noch nicht alles richtig ist. Paul darf nicht wählen, Tina versteht die Nachrichten nicht, Mark hat keinen Fußball-Verein – es gibt noch viel zu tun!

In der Pause stehen Tina und ihre Freunde zusammen. Tina hat eine Idee.

„Lasst uns etwas tun!", ruft sie begeistert.

„Wie meinst du das?", wollen ihre Freunde wissen.

„Lasst uns irgendwas tun, damit wir alle mehr dazugehören. Lasst uns dafür kämpfen, dass Inklusion wirklich wird!", erklärt Tina.

Ihre Freunde sind begeistert: „Das ist eine gute Idee! Ja, wir tun was!"

Alle nicken und lachen. Dann schauen sie sich an.

„Aber was können wir tun?"

Alle überlegen. Hm, das ist schwierig. Alle sind ratlos.

„Wir können Frau Müller fragen", schlägt Klara vor. „Vielleicht fällt ihr etwas ein."

Das ist eine gute Idee! Alle nicken begeistert.

Nach der Pause, als alle wieder im Klassen-Zimmer sitzen, meldet sich Klara. Sie sagt: „Frau Müller, Tina hat die Idee, dass wir für Inklusion kämpfen. Wir wollen, dass wir dazugehören. Aber wir wissen nicht, was wir tun können."

Frau Müller ist stolz auf ihre Schüler: „Das ist eine gute Idee!", sagt sie. „Mir fällt gleich etwas ein: Ihr könnt einen Brief an den Behinderten-Beauftragten schreiben."

„An wen?", fragt Tina.

„An den Behinderten-Beauftragten. Die meisten Städte und Bundesländer haben jemanden, der für Menschen mit Behinderung zuständig ist. Dem könnt ihr eure Wünsche sagen."

Tina hat noch nie etwas von einem Behinderten-Beauftragten gehört. Sie weiß nicht, wer das ist. Wem soll sie schreiben?

Frau Müller weiß Rat: „Macht den Computer an und schaut ins Internet. Wenn ihr in die Such-Zeile das Wort ‚Behinderten-Beauftragter' schreibt und dazu euren Wohnort, findet ihr die Adresse."

Das ist einfach. Tina und ihre Freunde finden nach kurzer Suche den Namen und die Adresse. Jetzt kann es losgehen. Gemeinsam schreiben sie einen Brief:

Sehr geehrter
Herr Huber,
wir sind eine

„Sehr geehrter Herr Huber“, beginnen sie. *„Wir sind eine Schul-Klasse. Wir haben gelernt, was Inklusion ist. Wir finden es toll, dass alle Menschen dazugehören. Wir wollen, dass alle Menschen gemeinsam leben, wohnen, lernen und arbeiten. Aber noch ist nicht alles gut. Bitte helfen Sie uns!“* Und dann schreiben sie auf, was jeder sich wünscht.

Als sie fertig sind, strahlt Tina.

„Der Brief ist super!“, sagt sie.

„Ja, das haben wir toll gemacht!“, freut sich Klara.

Die anderen nicken. Auch Frau Müller ist begeistert. „Ich finde es gut, dass ihr für eure Wünsche kämpft“, sagt sie. Nur Ralf ist beleidigt. „Ich will Superhelden-Kräfte. Warum durfte ich das nicht in den Brief schreiben?“ Er schmollt. Aber Tina muss kichern. Superhelden-Kräfte, das hat doch niemand!

Tina demonstriert

Am Nachmittag erzählt Tina in der Tagesstätte von ihrem Brief an den Behinderten-Beauftragen. Sie erzählt, dass sie dafür kämpft, dass alle Menschen dazugehören. Niemand soll ausgegrenzt werden. „Das heißt Inklusion“, erklärt sie stolz. „Das ist toll!“

Ihre Erzieherin Inga findet Inklusion auch toll. Inga denkt kurz nach, dann sagt sie: „Ich hab noch eine Idee, was du tun könntest.“

„Was denn?“ Tina ist sofort begeistert.

Inga erklärt: „Im Mai ist in ganz Deutschland ein Aktions-Tag. Der Tag soll auf die Situation von Menschen mit Behinderung aufmerksam machen. Dieses Jahr gibt es auch in unserer Stadt eine Demonstration. Wir wollen erreichen, dass alle Menschen gleichberechtigt am Leben teilhaben können.“

„Das ist gut“, sagt Tina. „Aber was kann ich tun?“

„Du könntest demonstrieren. Wir alle könnten an der Demonstration teilnehmen.“

Eine Demonstration? Tina ist begeistert. Sie war noch nie auf einer Demonstration. Sie hat nur im Fernsehen gesehen, wie Menschen in großen Gruppen durch die Stadt gezogen sind. Mit Plakaten und Triller-Pfeifen. „Möchtest du mitmachen?“, fragt Inga.

„Klar!“, ruft Tina sofort.

Sie ist nicht mehr zu bremsen. „Ich male ein Plakat!“, ruft sie. Sie holt ein großes Blatt Papier und Stifte. In dicken Buchstaben schreibt sie: „Wir gehören dazu!“

Ein paar Tage später ist es so weit: Tina, ihre Freunde aus der Tagesstätte und ihre Erzieherin Inga fahren in die Innenstadt. Dort startet die Demonstration. Tina hat eine Triller-Pfeife dabei und ihr selbst gemaltes Plakat. Tina ist aufgeregt. Als sie am großen Platz ankommen, sind schon viele Menschen da. Eine fröhliche, bunte Menge. Tina sieht Menschen im Rollstuhl, Menschen auf Krücken, Menschen mit Blinden-Hund. Aber den meisten Menschen sieht man nicht an, ob sie behindert sind oder nicht.

Dann geht es los. Die Menschen setzen sich in Bewegung und ziehen durch die Fußgänger-Zone. Stolz geht Tina mit. Sie reckt ihr Plakat in die Höhe und bläst in ihre Pfeife. Vorne beginnt eine Gruppe zu rufen: „Jeder Mensch ist wertvoll!“ Das wiederholen sie immer wieder und nach kurzer Zeit rufen alle mit. Auch Tina ruft immer wieder: „Jeder Mensch ist wertvoll!“ Und voller Stolz denkt sie: Auch ich bin wertvoll!

INKLUSION
WiR gehören DAZU
ALLE

Der Malkurs

Tina ist stolz auf sich, denn sie kämpft für Inklusion. Sie hat dem Behinderten-Beauftragten einen Brief geschrieben und an einer Demonstration teilgenommen. Aber geändert hat sich noch nichts.

„Das geht nicht so schnell“, sagt ihre Erzieherin Inga. „Du musst Geduld haben.“

Tina hat aber keine Geduld. Sie will Inklusion. Jetzt sofort.

„Es gibt schon viele Bereiche, in denen Inklusion funktioniert“, sagt Inga.

„Wirklich?“ Tina kann es nicht glauben.

„Ja, natürlich“, lacht Inga. „Schau mal, hier habe ich zum Beispiel ein Programm-Heft von einem Verein, der Freizeit-Angebote für Menschen mit und ohne Behinderung macht.“

Inga zeigt Tina ein dickes Heft. Darin stehen Kurse und Ausflüge. Ein Tanz-Kurs, ein Nachmittag im Museum, gemeinsames Kochen und noch viel mehr. An allen Angeboten können Menschen mit und ohne Behinderung gemeinsam teilnehmen. Tina blättert im Heft. Sie ist begeistert. So etwas möchte sie machen! Da sieht sie, dass es auch einen Malkurs gibt. Das ist toll! Tina malt doch so gern.

Inga hat den Kurs auch gesehen. „Das wäre das Richtige für dich!“, sagt sie.

Tina nickt. Ja, das wäre was. Aber Tina möchte nicht allein gehen. Also fragt sie ihre Freundin Klara, ob sie mitkommt. „Na logo“, sagt Klara. „Ich mache mit!“

Am Wochenende ist es so weit: Tina und Klara gehen zum Malkurs. Als sie ankommen, sind schon viele Menschen da. Ein Mann im Rollstuhl, eine Frau ohne Arme, ein Mädchen mit Blinden-Stock und ein alter Mann auf Krücken. Aber bei den meisten Menschen sieht man wieder nicht, ob sie behindert sind oder nicht. Wie bei Uta, die sich an die Staffelei neben Tina stellt. Ihr sieht man keine Behinderung an. Aber sie zeigt Tina ihr Hörgerät, das hinter ihren Haaren versteckt ist.

Tina schaut sich im Raum um. Sie bemerkt einen hübschen Jungen. Auf seinem Namens-Schild steht „Michi“. Bei ihm sieht man keine Behinderung. Doch wenn man ihn beobachtet … oje! Michi verschüttet Farbe, er wirft den Eimer mit Pinseln um, er läuft gegen den Tür-Rahmen und stößt mit Tina zusammen. Und dann lässt er auch noch seinen Becher fallen. Oh Schreck! Mit einem lauten Knall zerbricht er in hundert Scherben und der Kaffee spritzt bis an die Zimmerdecke. Armer Michi, er kommt nicht ohne Verwüstung durch den Raum.

Michi

Tina findet Michi trotzdem nett.

„Welche Behinderung hast du denn?“, fragt sie ihn.

„Ich?“ Michi ist verwirrt. „Ich hab keine Behinderung. Ich bin der Praktikant.“

„Oh“, sagt Tina. Mehr fällt ihr nicht ein. Sie kann es nicht fassen. Michi hat keine Behinderung. Er ist einfach nur tollpatschig.

Tina denkt nach. Manche Menschen haben eine Behinderung, aber man merkt sie kaum. Andere Menschen haben keine Behinderung, aber das merkt man auch nicht. Ist es überhaupt wichtig, ob jemand behindert ist oder nicht? Tina überlegt. Dann strahlt sie: Nein, das ist nicht wichtig! Sie erinnert sich daran, was sie auf der Demonstration gerufen hat: Jeder Mensch ist wertvoll. Jeder. Und das Leben ist schön. Heute findet Tina das Leben besonders schön. Sie ist gern unter so vielen verschiedenen Menschen. Alle malen, alle lachen, alle ratschen. Alle gehören dazu. Tina fühlt sich wohl.

Tina ist selbstbewusst

Tina und Klara sind immer noch im Malkurs. Tina steht vor ihrem Bild. Sie malt einen großen, grünen Drachen. Sie ist glücklich. Tina fühlt sich zwischen all den unterschiedlichen Menschen wohl.

Tina überlegt, was sie neben den Drachen malen soll. Dabei schaut sie sich im Raum um. Da erschrickt sie. Oh nein! Der Junge von der Bushaltestelle ist da! Der, in den sich Tina verliebt hatte. Der so gemein war und ihren Liebes-Brief zerrissen hat. Der Tina abgelehnt hat, nur weil sie eine Behinderung hat. Und jetzt ist der Junge ausgerechnet hier. Mist! Vor Schreck stößt Tina an ihren Wasser-Becher. Er wackelt wild hin und her. Dann kippt er langsam um. Doch Tina kann ihn gerade noch auffangen. Puh, da hatte Tina Glück! Ansonsten hätte es genauso eine Sauerei gegeben wie vorhin, als Michis Becher runterfiel.

Mit dem Wasser-Becher hatte Tina Glück, aber dass ausgerechnet der Junge von der Bushaltestelle hier ist – das ist Pech! Am liebsten würde Tina den Jungen nie wieder sehen. Er war so gemein!

„Ist doch egal", sagt Klara. „Wir haben einen schönen Tag. Lass dir nicht den Malkurs vermiesen!"

Klara hat recht. Tina will sich nicht stören lassen. Soll der Junge doch denken, was er mag! Tina weiß jetzt, dass sie ein wertvoller Mensch ist – genau wie alle anderen Menschen auch.

Also malt Tina weiter. Doch als sie das nächste Mal aufschaut, steht der Junge vor ihr.

„Hallo", sagt er.

Tina sagt nichts.

„Tolles Bild", sagt der Junge.

Tina sagt immer noch nichts.

„Das ist wirklich toll", sagt der Junge noch einmal. Er ist beeindruckt. „Ich hätte nicht gedacht, dass du so gut malen kannst."

„Nur weil ich behindert bin?", fragt Tina. „Jeder Mensch kann Dinge gut und andere Dinge nicht so gut – ganz egal, ob man behindert ist oder nicht."

Der Junge sagt erst einmal nichts. Dann nickt er langsam.

„Du hast recht", sagt er. „Es tut mir leid, dass ich an der Bushaltestelle gemein war. Ich heiße Lukas. Nimmst du meine Entschuldigung an?"

Tina lächelt.

„Ist schon okay", sagt sie. „Ich bin Tina."

Die beiden reden noch ein bisschen. Über den Malkurs, über Kunst und über Tinas Drachen, der ein bisschen so aussieht, als hätte ihn der berühmte Maler Pablo Picasso gemalt.

Dann zeigt Lukas sein Bild.

„Super", sagt Tina.

Aber Lukas ist nicht zufrieden.

„Dein Bild sieht viel besser aus", sagt er. „Ich kann nicht so gut malen. Aber ich male sehr gern. Um besser zu werden, besuche ich jeden Malkurs, den es gibt. Ich möchte unbedingt Maler werden. Aber ich hab zu wenig Talent."

Lukas sieht traurig aus.

„Malen gehört nicht zu den Dingen, die ich gut kann", sagt er.

„Macht doch nichts", sagt Tina. „Dafür kannst du bestimmt andere Dinge."

Tina lächelt. Sie freut sich über das nette Gespräch mit Lukas. Sie freut sich, dass sie verstanden hat, dass jeder Mensch wertvoll ist. Sie hat auch verstanden, dass jeder Mensch anders ist. Das ist gut so, denn wie langweilig wäre eine Welt, in der alle Menschen gleich sind!

Tina genießt es, im Malkurs zu sein. Hier gehören alle dazu, niemand wird ausgegrenzt, beleidigt oder angestarrt. Alle malen und lachen zusammen. So fühlt sich Inklusion an. Ein gutes Gefühl! Tina ist glücklich.

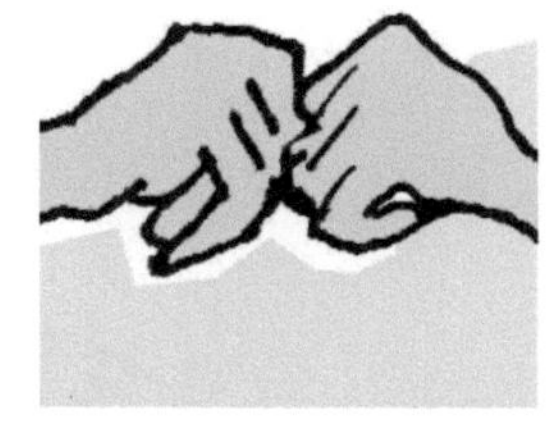

Tina gehört dazu

Es ist Montag-Morgen. Das schöne Wochenende mit dem Malkurs ist vorbei. Tina ist auf dem Weg zur Schule. Als sie an die Bushaltestelle kommt, sieht sie Lukas. Er steht bei seinen Freunden. Tina weiß nicht, wie sie reagieren soll. Lukas ist zwar nett, aber die beiden Freunde waren gemein. Bevor Tina weiß, was sie machen soll, ruft einer der Freunde laut: „Schau mal, da ist die verliebte Behindi-Frau!"

Lukas schaut auf den Boden. Er zögert. Dann sagt er zu seinem Freund: „Hör auf, gemein zu sein. Das ist Tina und sie ist cool. Ich hab sie im Malkurs gesehen. Sie malt super Bilder."

„Aber die ist doch behindert!", sagt sein Freund.

„Na und", sagt Tina selbstbewusst, „man kann auch mit Behinderung cool sein."

„Allerdings!", sagt Lukas und stellt sich auf Tinas Seite. Und zu Tina sagt er: „Lass die nur reden, die haben keine Ahnung."

Er zögert, bevor er weiterredet. „Ich hatte vor dem Malkurs

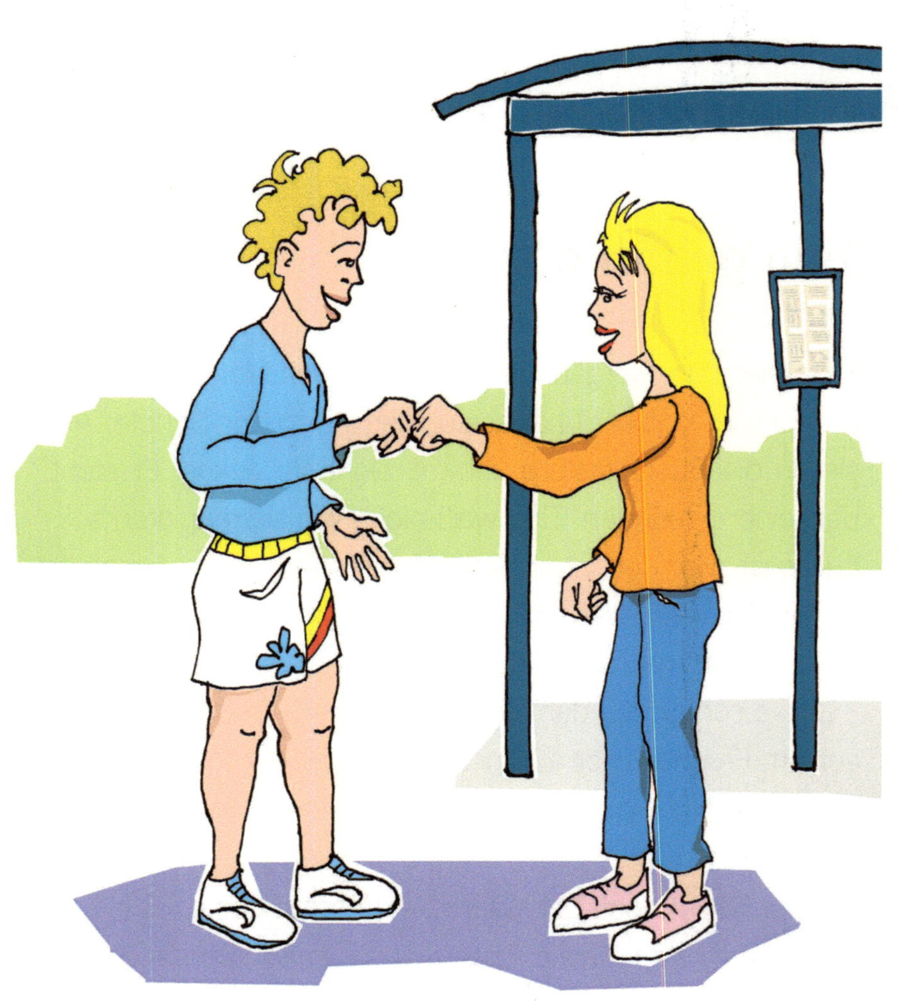

auch keine Ahnung. Tut mir leid, dass ich anfangs so dummes Zeug geredet habe."

„Ist schon okay", sagt Tina und lächelt.

Lukas zögert noch mal. Dann sagt er leise: „Ich würde dich gern besser kennenlernen. Hast du Lust, mich mal zu treffen? Wir können ein Eis essen oder zusammen malen."

Tina überlegt. Sie ist nicht mehr in Lukas verliebt. Aber Lukas ist nett. Außerdem will Tina Inklusion. Sie will Kontakt zu Menschen mit und ohne Behinderung. Deshalb lächelt sie.

„Klar", sagt Tina, „warum nicht?"

Stiftung Aktion Sonnenschein
- Hilfe für das mehrfach behinderte Kind

seit 1968 aktiv
für die Vielfalt

Es ist normal,
verschieden zu sein

Individuelle Förderung und
Erziehung sind uns eine
Herzensangelegenheit!

Wer wir sind

1968 gründete Prof. Dr. med. Dr. hc. mult. Theodor Hellbrügge die Aktion Sonnenschein mit dem Ziel, Kinder mit und ohne besonderen Förderbedarf gemeinsam zu unterrichten und zu erziehen.

Seine Vision von dem was, heute als Inklusion bezeichnet wird, nannte er damals Integration und beschritt als Vorreiter und Schrittmacher völlig neue Wege in der Behindertenhilfe. Das Konzept sah vor, Kinder mit und ohne Behinderung gemeinsam zu erziehen und allen Kindern eine möglichst individuelle Förderung zugutekommen zu lassen, damit jedes Kind optimale Entwicklungs- und Bildungschancen erhält.

Der Zeit Jahrzehnte voraus – was vor 45 Jahren noch als „pädagogischer Unfug“ verschrien war, ist heute maßgebend

Bereits zwei Jahre nach Gründung eines Integrationskindergartens rief die Aktion Sonnenschein gegen große Widerstände eine Grundschule für Schüler mit und ohne besonderen Förderbedarf ins Leben. Dies war zu der damaligen Zeit nach Vorstellungen des Deutschen Bildungsrates absurd und nach bayerischen Gesetzen sogar verboten. Die Regierung von Oberbayern wies daher eine nicht unerhebliche Strafe für „pädagogischen Unfug“ zu. Diese wurde jedoch wieder zurückgezogen, da Prof. Hellbrügge im selben Zeitraum für seine Tätigkeit mit dem Theodor-Heuss-Preis geehrt wurde.

Pionier der Inklusion und prägend in der sozialen Landschaft Deutschlands

Die Aktion Sonnenschein – mit ihrer gesellschaftlichen Vision der „Vielfalt“– war und ist ein aktiver Vordenker und Wegbereiter.

Mittlerweile hat sich die Gesetzeslage, dank weiterer engagierter Organisationen und Unterstützer, geändert und „Teilhabe“ ist als zentrales Menschenrecht in der 2006 verabschiedeten Behindertenrechtskonvention der UN-Generalversammlung definiert worden. Damit stehen der Mensch und seine Rechte auf Teilhabe, Gleichbehandlung und Selbstbestimmung im Mittelpunkt.

Die Aktion Sonnenschein verfolgt diese Zielsetzung u.a. mit ihren pädagogischen Einrichtungen, als „Montessori-Zentrum der Vielfalt“, bereits seit vielen Jahrzenten.

Konkrete Hilfe - Tag für Tag

Die pädagogischen Einrichtungen sind seit Langem das Kernstück der Aktivitäten der Aktion Sonnenschein. In der Montessori-Schule, dem Montessori-Integrationskindergarten und der Heilpädagogischen Tagesstätte wird auf Basis der Montessori-Pädagogik erfolgreich die Inklusion von Kindern mit Behinderung praktiziert. Dort werden über 600 Kinder mit und ohne Förderbedarf betreut, um voneinander und miteinander zu lernen.

Jedes Kind soll im Rahmen seiner individuellen Möglichkeiten sein Potenzial entfalten und entwickeln können – wie groß oder klein es auch sein mag, unabhängig von Alter, Gesundheit, Geschlecht oder eventuellen Behinderungen. Denn jeder hat das Recht, dass seine Begabungen in einem geeigneten Umfeld gefordert und gefördert werden. Damit hat die Aktion Sonnenschein gezeigt, dass Inklusion funktioniert und wie man sie erfolgreich umsetzen kann. Schließlich wird in den pädagogischen Einrichtungen Kindern Tag für Tag konkret geholfen.

Unsere Aufgaben

Die Stiftung Aktion Sonnenschein – Hilfe für das mehrfach behinderte Kind verfolgt den Zweck, behinderten und von Behinderung bedrohten Kindern, Jugendlichen und Heranwachsenden möglichst umfassend zu dienen, um

- Behinderungen möglichst zu vermeiden, (drohende) Behinderungen möglichst frühzeitig zu erkennen und ihnen entgegenzuwirken,
- vorhandene Behinderungen oder deren Auswirkungen durch medizinische, psychlogische, therapeutische, pädagogische oder ähnliche Maßnahmen zu verringern, zu lindern – oder soweit möglich – zu beheben,
- kompensatorische Fähigkeiten aufzubauen,
- Selbständigkeit und Unabhängigkeit zu erlangen,

um damit zur Entfaltung aller Anlagen und Befähigungen beizutragen, die Integration in die Gesellschaft und in das Arbeitsleben zu fördern, insbesondere die Grundlage für die soziale und berufliche Eingliederung zu schaffen und Menschen mit Behinderung zu einem erfüllten Leben zu verhelfen.

Stiftung Aktion Sonnenschein, weil ...

- die Vielfalt ein Zuhause braucht.
- Kinder mit einer Behinderung mehr als eine Diagnose benötigen.
- Kinder ganzheitlich betrachtet werden sollten.
- Integration sowie Inklusion Alltag sein sollte.
- es normal ist, verschieden zu sein.
- Kinder ein Anrecht auf einen lebensbegleitenden Entwicklungsprozess haben.
- individuelle Förderung und Erziehung eine Herzensagelegenheit sind.
- Kinder ein möglichst selbstbestimmtes und sinnerfülltes Leben ermöglicht werden sollte.
- wir nur gemeinsam mehr schaffen!

Helfen Sie uns zu helfen

Viele Projekte, aber auch unser Alltag benötigen finanzielle Unterstützung. Mit Ihrer Spende tragen Sie dazu bei, 600 Kindern eine Möglichkeit zur individuellen Förderung zu geben, und die Inklusion voranzutreiben, damit dieses Recht in nachhaltige Konzepte eingebettet werden kann. **Gemeinsam schaffen wir mehr!**

Stiftung Aktion Sonnenschein
- Hilfe für das mehrfach behinderte Kind
Heiglhofstr. 63 / 81377 München

info@aktionsonnenschein.de
www.aktionsonnenschein.com

Spendenkonto:
Bank für Sozialwirtschaft München
Konto: 78 111 00 // BLZ: 700 205 00
IBAN: DE51700205000007811100
BIC: BFSWDE33MUE

Bisher erschienene Bände von Steffi Geihs

Band 1

Tina ist verliebt

Tina, ein 17-jähriges Mädchen, verliebt sich in ihren Klassenkameraden Paul, der wie sie eine geistige Behinderung hat. Sie durchlebt all die Irrungen und Wirrungen, die damit einhergehen – bis zum Happy End.

Band 2

Tina hat einen Freund

Die 17-jährige Tina ist mit Paul zusammen, der wie sie eine geistige Behinderung hat. Gemeinsam müssen sie lernen, dass Verliebtsein auch nicht so schöne Seiten hat und dass die Sache mit dem ersten Sex ganz schön kompliziert ist.

Band 3

Tina hat Liebeskummer

Tina ist 18 Jahre alt und nun schon einige Monate mit Paul zusammen, der wie sie eine geistige Behinderung hat. Tina hat Paul lieb – aber etwas hat sich geändert: Die Schmetterlinge vom Anfang ihrer Beziehung sind weg. Alles ist irgendwie normal geworden. Als Paul eines Tages dann einen großen Fehler macht, muss Tina eine schwierige Entscheidung treffen.

Band 4

Tina in Gefahr

Tina wird immer selbständiger und fährt mittlerweile allein mit dem öffentlichen Bus von der Schule nach Hause. Als eines Tages ein fremder Mann neben ihr seine Hand auf ihren Oberschenkel legt, ist Tina schockiert und verzweifelt. Mit Hilfe ihrer Familie und durch einen Selbstbehauptungskurs lernt Tina, sich zu verteidigen, Hilfe zu holen und „Nein!" zu sagen. Vor allem aber lernt sie, dass einzig und allein sie entscheidet, wer sie wo anfassen darf.